Wortadern suche ich

Wortadern suche ich

Gedichte

von

Jürgen Sanders

Bibliographische Information der Deutschen Nationalbibliothek:
Die Deutsche Nationalbibliothek verzeichnet diese Publikation in der
Deutschen Nationalbibliographie; detaillierte Informationen sind im Internet über
http://dnb.dnb.de/ abrufbar.

© Jürgen Sanders, 2022

Hrsg., Satz und Gestaltung: Lukas Sanders

Herstellung und Verlag: BoD – Books on Demand, Norderstedt

ISBN: 978-3-755731276

Pottkind

Oma Schlosserstraße,
Hausfrau, neun Kinder,
lebte nicht weit vom Borsigplatz.
Opa Josef, Stahlarbeiter bei Hoesch
bis zum frühen Tod.
Mein Vater, nach der Lehre Soldat,
russische Kriegsgefangenschaft,
danach bei Karl Hoesch bis zur Rente.
Meine Mutter, geboren in Brambauer.
Arbeiterin und Hausfrau, zwei Söhne
Oma Wilhelmine, Hausfrau, zwei
Töchter.
Opa Jupp, Bergmann auf Zeche
Minister Achenbach. Hauer vor Stein,
Musiker im Spielmannszug,
Sänger im Bergmannschor.
Meine Wurzeln sind Kohle und Stahl.

Eingefahren

Wortadern suche ich
tief unter dem Licht
Ein Hauer vor Stein
mit Schreibblock und Kuli

Zivilcourage

Oft höre ich
ich höre ziemlich schlecht
Oft sehe ich
ich sehe nicht sehr gut
Manchmal denke ich
und schweige
Manchmal meine ich
oder besser nicht

Gebrannte Kinder schüren das Feuer

Die Zeiten haben sich geändert
Der Wind hat sich gedreht
Die Zukunft klar vor Augen
gehen wir rückwärts voran
Schauen herab
machen uns breit
denken in Zitaten
Die Zeiten haben sich geändert
Der Wind hat sich gedreht

Haus der Lügen

Wir sind offen
und ehrlich
haben nichts
zu verbergen
In dunklen Winkeln
und schmutzigen Ecken
lassen sich gut
ein paar Lügen verstecken

So ist es

Über dem Wirrwarr
das Narrenschweben
Der Mensch ist dem
Menschen ein Mensch
Die Erde ist eine Scheibe

Verirrt

Die Würde des Menschen
ist unfassbar
unbegreiflich
in ihrer Hand
Der Mensch
ist dem Menschen
kein Mensch

Immer noch

Besserwissen
die alte deutsche
Belehrigkeit
Am Stammtisch
und am Tresen
soll immer noch
die Welt genesen

Einsicht

ich wollte die Welt
verändern
aber die Welt
veränderte mich

Spieler

Stimmler
Speichler
Wortabtreter
treffen sich
im Hinterzimmer
würfeln um
ihr Leben

Albtraum

Menschen graueinander
eingegliedert und verrottet
Anzwängegekettet
auf Dornen gebettet
abgerichtet
gleichgeschritten

Träumer

Wir wären gerne
vogelmütig
wolkenhändig
frei
und sind doch nur
geflügelte Steine

Aufgegeben

Ausgestoßen
bloßgestellt
hingewortet
und zerlacht
Deine Stille
die Ruhe vor
dem Sturm

Geschlagen

Heldisch kam er
stammgleich
wurzelfest
geschlagen

Auf Messers Schneide

Auf der Schneide stehe ich
bin auf dem Weg ins
Messerleiden
Lasst mich nicht über
die Klinge springen

Gemeinsam

Auseinander
zusammen getrieben
immer wieder
weggejagt
zurückgeholt
geblieben
Ineinander
weht ein Wind

Schnuppe

Scheitler
selbstgerechte Bewahrer
Ersternte über allen
über alles
Gefallene
Verglühte
Schnuppe

Wagen

Ein verschautes
Mädchen steht
am Rand
fragt sich
warten oder springen
Ein Schritt zu weit
es zögert
eine Zukunft
zu lang

Aber dann

Wenn es
nichts mehr
zu lachen gibt
fängt der Spaß
erst richtig an

Wir aber

Wir sind alle
Ungestüme
Losgelassene
und sollten
stillgestandener
geneigter
abgrundtiefen
steinallein
Wir aber
tanzen weiter
schneller
grinsender
und wilder
lachen uns zusammen

Klanglos

Ich gestehe still zu geilen
und am Ende öffentlich
Wortgewächse zu verteilen
lasse sie ganz langsam
in Herzen und in
Köpfe steigen

Menschenlesung

Menschen tragen
Wortanstecker
kommen zusammen
bilden Sätze
schreiben Geschichten

Wahre Liebe

Die Liebe
kennt kein
Besser oder Schlechter
Die Liebe kennt
keine Konkurrenz

Schatten

Werfen ihre Schatten
an die Wand
Werfen unsere Schatten
über den See
lassen sie springen

Licht und Schatten

Sie leben schweigend
nebeneinander
Sie leben schweigend
miteinander
Licht und Schatten
leben in Frieden

Hinaus

Hinter der Terrassentür
der Garten
Ein Foto, ein Bild
Von rechts eine Meise
sie landet, bewegt einen Zweig
Das Bild löst sich auf
ich gehe hinaus in den Garten

Was bleibt

Eingrausam
allein
ich füttere
Vögel im Garten
Ein Lächeln
bleibt zurück

Im Wald

Liegen wir im Laub und träumen
überfarnt und atemweise
Baumgeworden zweigen rinden
klanggefüllte Steine finden

Poesie

Zarte Blume blattlos bleiche
Nebelrisse Wortgestöber
Flügelträume Blütenschwingen
Mit den Wolken Blätter treiben

Hören und Sehen

Wir erleben uns davon
sehe einen Wald
in deinen Augen
Wir verlieren uns
ich höre Bäume
Finden uns
im Duft der Blüten

Wir

haben Stille
auf Steine gemalt
unser Schweigen
in Höhlen

Geborgen

Zeilenstränge stillgelegte
Über Tage Schweigen
Eingefahren Sterngestöber
Mondgewächse unter Tage

Angekommen

Unterwegs auf Schneckenfüßen
lebe ich in Augenblicken
Angekommen in Ziellosigkeit
genieße ich
die Vielfalt der Natur
mit allen Sinnen

Spätherbst

Novemberstille
Zeit der Kerzen
Regenblicke
Herbstwortlose Tage

Kahlschlag

Ich stehe auf der Lichtung
spüre Eichen in mir wachsen
Riesige Baumkronen
rauschende Träume
werden wahr
bis ich erwache
vor dem Kahlschlag
hinter mir

Altlasten

Steingespiel und Mauerwinde
Wurzelklang und Laubgebinde
Niederwalzen Scheinwortträger
betonieren Spracherschläger

Weggefegt

Ich liege im Gras
und schaue nach oben
Am blauen Himmel ziehen
graue Wolkentiere
Wilde Herden
der Himmel bebt
Der Traum wird
weggefegt mit
einem Straßenbesen

Nichts als Worte

Nach all den
Klangundbelanglosigkeiten
schicke ich dir
ein Nichts aus Versen
auf rosa Papier

Dir fehlen die Worte
ein tiefes Gedicht
unendliche Weiten
zwischen den Zeilen
du könntest dort ewig
träumen verweilen

Nach all den
Sprachundsanglosigkeiten
schicke ich dir
ein leeres Blatt Papier

Warum

Auf deinen Atemworten
lagen meine Lippen
Du hülltest mich
in süßen Hauch

Nun schmeckst du
nadelbitter
hast mich tannenkalt
ins Abseits gestellt

Zu spät

Am Anfang war die Mauer
später das Dahinter
Nun stehe ich da drüben
kann nicht zurück zu dir

Verirrt

Ich habe mich versteckt
und kann mich
nicht mehr finden
Irre umher
auf der Suche nach mir
dabei bin ich bei dir

Manchmal

Ich erblute
unter deinen Blicken
verleuchte
neben dir
entschweige

Du und ich

Bin dir Andacht
tiefe Stille
Zucker im Kaffee
löse mich auf
in dir

Im Rombergpark

Schweige dich aus
bei mir und lausche
In dich gekehrt
versenke deine Stille
Träume den Teich mir
Seerosen Goldfische
Libellen

Treiben

Stummnacht
Weltenschweigen
Stille
Sanft in Mond
und Weiß
verklungen
liedern wir uns fort
und treiben

Ganz nah

Unter Hosen
möchte ich mich schmiegen
ganz eng
an deine Gänsehaut
zwischen deinen
sanften Hügeln liegen
um im Dickicht
deiner Täler
deine Auen
zu erfingern
zu erlecken
dich zu schmecken

Abendrot

Ein Schatten über dem
Liebesnest der Störche
schützt sie vor den
lüsternen Blicken der Sonne
Rot ist sie geworden
feuerrot
versinkt im Fluss
taucht unter

Gebannt

Ich sehe schwarz
durch meine rosa Brille
werfe sie lachend
in den Sand
Du siehst mich
eine lange Nase drehen

Du trägst so schwer
an deiner Inselstille
lässt sie befreit
zurück am Strand
Ich sehe dich
über das Wasser gehen

Du winkst mir zu
wir laufen uns entgegen
erkennen uns gebannt
bleiben wir stehen

Idylle

Wir sitzen zusammen
im Schweigen
Ich creme dich ein
du schreibst weiter
Ein Gedicht

Dichterfreunde

Unser Anvertrauen
freigelegter Seelen
Wortwilde
fern uns nah

Zeitlos

Gehe sterben
komme mit dem Tod
zum Zeitstillstand
Ein Augenblick
aus Ewigkeit

In der Tiefe

Welke meine grauen Haare
will ich leichthin überlachen
Rätsel wird mir alles fern

Eingefahren letzte Jahre
Sterngestöber unter Tage
Verliere mich im All

Steine oder Sterne

Sind wir Sterne
oder Schatten
Sind wir Lärm
oder Stille

Leben wir
oder sind wir Gelebte
Lieben wir
oder sind wir Steine

Inhalt

Pottkind 5

Eingefahren 6

Zivilcourage 7

Gebrannte Kinder schüren das Feuer 8

Haus der Lügen 9

So ist es 10

Verirrt 10

Immer noch 11

Einsicht 12

Spieler 13

Albtraum 14

Träumer 15

Aufgegeben 16

Geschlagen 17

Auf Messers Schneide 17

Gemeinsam 18

Schnuppe 19

Wagen 20

Aber dann 20

Wir aber 21

Klanglos 22

Menschenlesung	23
Wahre Liebe	24
Schatten	25
Licht und Schatten	26
Hinaus	27
Was bleibt	27
Im Wald	28
Poesie	28
Hören und Sehen	29
Wir	30
Geborgen	30
Angekommen	31
Spätherbst	32
Kahlschlag	33
Altlasten	33
Weggefegt	34
Nichts als Worte	35
Warum	36
Zu spät	37
Verirrt	37
Manchmal	38
Du und ich	38
Im Rombergpark	39

Treiben   40

Ganz nah   41

Abendrot   42

Gebannt   43

Idylle   44

Dichterfreunde   44

Zeitlos   45

In der Tiefe   46

Steine oder Sterne   47